독서 기록장

 책은 말 없는 스승. 독서는 정신의 음악이다.

-소크라테스

_____학교 ___학년 ___반 이름_____

독서기록장 - 저학년용 ISBN 978-89-94113-22-7 73370 ∥ 기획 그루터기 ∥ 일러스트 오성수 ∥ 펴낸이 정혜옥 ∥ 펴낸곳 스쿨존
초판 1쇄 펴낸날 2008년 9월 5일 ∥ 개정 10쇄 2024년 2월 5일 ∥ 출판등록 2007년 4월 12일 제 322-2007-000300호
주소 04779 서울시 성동구 뚝섬로 1나길 5(헤이그라운드) 7층
전화 02)929-8153 ∥ 팩스 02)929-8164 ∥ E-mail goodinfobooks@naver.com
■ 스쿨존은 굿인포메이션의 자회사입니다. ■ 잘못된 책은 본사나 구입하신 서점에서 바꾸어 드립니다.

독후활동지가 왜 필요할까요?

책 읽기의 중요성이 날로 커지고 있습니다. 모든 공부의 시작은 독서에서 비롯된다고 하죠. 독서는 공부 잘하고 현명한 아이로 키우는 우선순위에 손꼽히고 있습니다. 성공한 사람들은 대부분 독서가 취미이고, 우등생 인터뷰를 보면 독서로 공부의 기본기를 닦았다는 이야기를 심심찮게 합니다. 다독이든, 남독이든, 한 권을 제대로 읽는 몰입식 독서든 각자의 취향과 목적에 맞는 독서로 지식과 지혜의 자양을 키워야 할 것입니다.

가끔 엄마들이 이런 말씀을 하세요. "우리 아이는 책은 참 많이 읽는데… 성적이 오르지 않아…!" 만약 그렇다면 독후 활동에 문제는 없는지 한번 점검해 보시기 바랍니다. 독후 활동이 반드시 의무적이어야 할 필요는 없지만 느낌 몇 줄, 퀴즈 몇 개, 토론 거리 한두 개를 찾아보는 간단한 노력만으로도 독서 효과가 배가 됩니다.

하지만 선생님도 부모님도 아이들의 독후 활동을 어떻게 지도할까 고민이 참 많습니다. 특히 집에서 부모들이 독서지도를 하기엔 마땅한 자료가 없어서 막막해 합니다. 부모가 함께 읽고 퀴즈를 낸다거나 토론 거리를 찾아낸다면 좋겠지만 마음처럼 쉽지 않습니다. 서점에 나가서 이것저것 책도 찾고 인터넷도 뒤지지만 알맞는 독서록을 만나기가 힘듭니다. 이 책은 그런 부모님, 선생님의 바람을 한자리에 모은 것입니다. 아이들은 책을 읽은 후 자신이 표현하고 싶은 주제의 독서활동지를 찾아 부담 없이 적을 수 있게 하였고, 부모님은 그것을 통해 아이의 독서 활동을 확인할 수 있고 대화 모티브를 찾을 수 있을 것입니다.

책 읽기의 목적은 책에서 얻은 지식이나 영감을 자신의 삶에 적용하고 문제해결 능력을 키우는 것입니다. 성공한 이들은 책장을 덮는 것에서 멈추지 않습니다. 생각과 느낀 점, 배운 점을 글로 표현하고 토론하는 과정을 통해 자기 것으로 꾹꾹 다져 놓습니다. 독후 활동을 통한 생각 정리와 글쓰기로 기본기가 튼튼히 다져진다면 서술형 평가의 비중이 높아지고, 논술 및 토론의 중요성이 날로 커지는 등 변화무쌍한 입시제도가 더 이상 두렵지 않을 것입니다.

이 책의 특징

1. 내 맘대로 뜯어 쓰는 160여 종류의 독후록

- 골라 쓰는 재미가 있다!
- 순서대로 사용할 필요는 없습니다. 책의 성격에 맞거나 마음에 드는 시트를 골라 사용하면 됩니다.

2. 내 맘대로 편집한다

- 개성 가득한 나만의 독서록을 만들어 보세요.
- 하나하나 뜯어서 사용한 후 황화일이나 클리어파일에 넣어 정리해 보세요. 나만의 근사한 독후파일이 될 것입니다.

3. 다양한 독후활동지, 글쓰기 양식서 종망라

- 갖가지 방식으로 독후 활동을 해 보세요. 사고력이 확장됩니다.

4. 지루하고 똑같은 독서록은 가라

- 심플하면서도 아기자기한 디자인… 저절로 글이 써져요! 글쓰기가 싫증 날 때 같은 내용, 다른 디자인의 시트를 써 보세요.

5. 내게 맞는 수준별 시트로 생각하는 힘을 길러요!

- 무조건 채운다고 실력이 향상되진 않아요. 똑같은 주제의 시트도 차근차근 단계별로 생각하며 쓰는 연습을 해보세요.

1. 독서기록표, 북트리

아이가 읽은 책이 쌓이면 무엇을 읽고 안 읽었는지 정리하는 습관도 필요합니다. 얼마나 읽었는지 그 양이 눈에 보이면 책 읽기에 의욕을 더 내게 되겠지요. 아이가 잘 보이는 곳에 붙여 놓고 스티커를 하나씩 붙여가는 재미를 더해 보세요. 독서기록표에 책 제목, 지은이, 날짜와 간단한 느낌까지 기록해 놓는다면 시간이 지나서도 읽은 책에 대한 기억이 살아있겠죠?

2. 마인드맵 독서록

마인드맵은 내용 구성을 파악하는 데 최고의 도구라 생각합니다. 꼬리에 꼬리를 물어 생각하는 연습을 하다 보면 논리적인 글을 쓰는 데 뼈대를 형성할 수 있습니다. 계속 나무줄기를 이어왔다면 마지막엔 완성된 숲을 보면서 전체를 보는 눈을 키워 주세요.

3. 만화 독서록, 그림 독서록

인상 깊고 재미난 장면을 자유롭게 그림으로 그려 보거나, 6쪽짜리 만화로 그려 보세요. 글쓰기가 스트레스가 되는 아이에겐 그림 그리기가 좀 더 쉽고 친근할 거예요. 형식에 얽매이지 않고 자유롭게 일단 그리세요. 그림이 완성되면 그 장면을 왜 그렸는지 아이가 그림을 설명하는 시간을 꼭 가지세요. 이 단계별 과정을 거치면 글쓰기가 두통거리가 아닌 만만한 놀이의 연장선이 될 겁니다.

4. 6하원칙, 서론·본론·결론, 기·승·전·결 독서록

무조건 원고지에 독후감을 써 보라고 하면 스트레스 만땅이죠. 처음엔 뼈대 잡는 연습이 참 중요합니다. 뼈대 잡는 연습이 되어 있는 아이는 백지도 무섭지 않습니다. 6하원칙에 따라 이야기 속 사건을 '언제, 누가, 왜, 어디서, 무엇을, 어떻게'에 맞춰 써 보세요. 6하원칙의 기본 틀에 맞춰 쓰는 게 익숙해지면, '서론·본론·결론'으로 나눠서 써 보세요. 아이의 눈높이에 맞춰 '기·승·전·결' 쓰기 연습까지…. 이게 바로 뼈대 잡기 훈련입니다. 단계별로 꾸준히 하다 보면 글쓰기가 더 이상 막막하지 않을 거예요. 여기에 인상 깊은 장면과 느낌 몇 줄만 덧붙인다면 훌륭한 독후감이 됩니다.

5. 제목으로 (삼행) 시 짓기 독서록

읽은 책의 제목을 가지고 책의 줄거리와 연결시켜 (삼행) 시를 지어 보세요. 책 내용과 연관되면 더 좋지만 그렇지 못하더라도 실망 말아요. 우리 아이의 번뜩이는 재치를 발견하고 상상력을 자극하는 연습이 될 거예요.

6. 떠오르는 낱말 적기, 어휘력 쑥쑥 독서록

아직 어려운 단어가 많지요? 책을 읽다가 모르는 단어가 보이면 연필로 보기 좋게 동그라미로 그려 놓으세요. 다 읽고 나면 잊지 말고 사전을 찾아서 그 뜻을 찾고 적어 보는 거예요. 그리고 다른 문장에는 어떻게 사용되었나 살펴보는 것도 잊지 말고요. 인터넷 용어가 범람하는 요즘, 책을 통해 아름다운 우리말을 아이들이 익힐 기회를 주세요. 그리고 사전 찾는 습관을 길러주는 것도 잊지 마시고요. 어휘력은 아무리 강조해도 지나치지 않아요.

7. 저자와의 인터뷰 독서록

기자가 되어 저자와 인터뷰를 해보아요. 책을 읽으면서 저자에게 궁금했던 점을 쓰고, 또한 저자가 되어 답도 만들어 보세요. 가상 인터뷰는 아이의 호기심을 자극하고 질문하고 답하는 과정을 통해 깊이 있게 생각하고 상상하는 훈련이 될 거예요.

8. 읽은 책 소개하기 독서록

그냥 아는 것과 아는 것을 설명하는 것은 하늘과 땅 차이입니다. 설명하려면 정말 나만의 것으로 소화해야 하고, 소화하는 과정이 곧 이해하는 과정이니까요. 부끄럼 많은 아이에겐 사람들 앞에서 의연하게 말하는 법도 같이 배우게 되니 일석이조의 효과가 있을 거예요.

9. 토론 거리 찾기 독서록

주제를 고른 후 찬성과 반대의 입장을 논리적으로 전개해 보세요. 사고가 확장되려면 책에서 주는 메시지를 그대로 흡수하는 것보다는 자기 의견을 가지고 다른 사람들과 생각을 나누는 과정이 꼭 필요합니다. 왜 그 입장을 가지게 됐는지 정당한 뒷받침 의견을 함께 생각할 수 있도록 자극을 주고, 정리할 수 있도록 시트를 활용해 보세요.

10. 뒷이야기 이어쓰기, 나라면 이랬을 텐데…

지금까지 수동적인 책 읽기를 해왔다면 능동적인 책 읽기 능력을 키워 주세요. 이야기 속 주인공과 인물들의 성향을 비교해 보고, 나라면 다르게 행동하지 않았을까 의문점도 가져 보고, 이야기의 결말에 이어서 그다음 이야기를 풀어 갈 수 있도록 아이의 상상력을 자극해 보세요.

11. 독서논술 독서록

책을 읽고 논술할 주제 거리를 찾아 글을 써보세요. 주제를 정하고, 책에서는 어떻게 설명되었나 살펴본 뒤 나의 의견을 달아보고 그렇게 생각한 이유를 3가지 이상 써 보세요. 논리적인 글의 심화 단계까지 차근차근 밟아 올라가면 아이의 사고의 폭도 확장되어 있을 겁니다.

12. 같은 주제의 다양한 독후활동지

똑같은 독후활동지도 매번 사용하면 지루해지기 쉽죠. 아이의 눈높이와 흥미에 맞춰 마인드맵, 북트리, 원고지 등 수준별, 취향별로 각각 골라서 사용해 보세요. 내 맘대로 골라 쓰는 독서록, 글쓰기가 더 이상 두려움이 아닌 재밌는 놀이가 될 것입니다.

13. 개요짜기, 600자 원고지 독후감, 논술독후감, 800자 원고지 독후감

여러 가지 글쓰기 연습을 충분히 했다면 이젠 원고지에 독후감을 써 보세요. 요즘 아이들은 깊이 고민해 가며 연필로 꾹꾹 눌러쓰는 글쓰기보다 컴퓨터 타이핑에 더 익숙하지요? 원고지는 띄어쓰기와 문단 들여쓰기, 문장부호를 민감하게 익힐 수 있습니다. 뿐만 아니라 한번 쓰기 시작하면 중간에 되돌릴 수 없기 때문에 전체적인 얼개를 머릿속에 먼저 그려보는 훈련을 하기엔 더없이 좋습니다. 아이의 수준에 맞춰 600자, 800자 쓰기에 도전해 보세요.

그루터기

나의 Book Tree

_____학교 ____학년 ____반 이름_____

🍎 한 권씩 읽을 때마다 스티커를 한 장씩 붙여 주세요. 스티커 위에 읽은 날짜까지 써주는 센스~

나의 Book Tree

_____학교 _____학년 _____반 이름_____

🍎 한 권씩 읽을 때마다 스티커를 한 장씩 붙여 주세요. 스티커 위에 읽은 날짜까지 쓴다면 금상첨화!

이만큼 읽었어요

_____학교 ____학년 ____반 이름_____

No.	책 제목	지은이	쪽수	읽은 날	점수 매기기
1					☺ ☺ ☺
2					☺ ☺ ☺
3					☺ ☺ ☺
4					☺ ☺ ☺
5					☺ ☺ ☺
6					☺ ☺ ☺
7					☺ ☺ ☺
8					☺ ☺ ☺
9					☺ ☺ ☺
10					☺ ☺ ☺
11					☺ ☺ ☺
12					☺ ☺ ☺
13					☺ ☺ ☺
14					☺ ☺ ☺
15					☺ ☺ ☺
16					☺ ☺ ☺
17					☺ ☺ ☺
18					☺ ☺ ☺
19					☺ ☺ ☺
20					☺ ☺ ☺

No.	책 제목	지은이	쪽수	읽은 날	점수 매기기
21					☺ ☺ ☺
22					☺ ☺ ☺
23					☺ ☺ ☺
24					☺ ☺ ☺
25					☺ ☺ ☺
26					☺ ☺ ☺
27					☺ ☺ ☺
28					☺ ☺ ☺
29					☺ ☺ ☺
30					☺ ☺ ☺
31					☺ ☺ ☺
32					☺ ☺ ☺
33					☺ ☺ ☺
34					☺ ☺ ☺
35					☺ ☺ ☺
36					☺ ☺ ☺
37					☺ ☺ ☺
38					☺ ☺ ☺
39					☺ ☺ ☺
40					☺ ☺ ☺
41					☺ ☺ ☺
No.	책 제목	지은이	쪽수	읽은 날	점수 매기기
42					☺ ☺ ☺

내가 읽은 책

어떤 책은 맛보고, 어떤 책은 삼키고, 소수의 어떤 책은 잘 씹어서 소화해야 한다. -베이컨

나의 목표! _____ 권
목표달성기간! _____ 월 _____ 일 ~ _____ 월 _____ 일까지

No.	책 제목	읽은 날	한 줄 느낌 쓰기	나의 평가(별점주기)
1				☆☆☆☆☆
2				☆☆☆☆☆
3				☆☆☆☆☆
4				☆☆☆☆☆
5				☆☆☆☆☆
6				☆☆☆☆☆
7				☆☆☆☆☆
8				☆☆☆☆☆
9				☆☆☆☆☆
10				☆☆☆☆☆
11				☆☆☆☆☆
12				☆☆☆☆☆
13				☆☆☆☆☆
14				☆☆☆☆☆
15				☆☆☆☆☆

독서 일람표

일까지 ~ 일 월
목표달성기간:
1학기 목표

독서가 정신에 미치는 효과는 운동이 신체에 미치는 효과와 같다. -리처드 스틸

No.	책 제목	읽은 날	한 줄 느낌 쓰기	나의 평가(별점주기)
1				☆☆☆☆☆
2				☆☆☆☆☆
3				☆☆☆☆☆
4				☆☆☆☆☆
5				☆☆☆☆☆
6				☆☆☆☆☆
7				☆☆☆☆☆
8				☆☆☆☆☆
9				☆☆☆☆☆
10				☆☆☆☆☆
11				☆☆☆☆☆
12				☆☆☆☆☆
13				☆☆☆☆☆
14				☆☆☆☆☆
15				☆☆☆☆☆

미니 독서기록장

_____학교 ____학년 ____반 이름_____

도서명		읽은 날	
지은이	출판사	확인	

도서명		읽은 날	
지은이	출판사	확인	

도서명		읽은 날	
지은이	출판사	확인	

도서명		읽은 날	
지은이	출판사	확인	

미니 독서기록장

_____학교 ____학년 ____반 이름_____

도서명		읽은 날	
지은이	출판사	확인	

도서명		읽은 날	
지은이	출판사	확인	

도서명		읽은 날	
지은이	출판사	확인	

도서명		읽은 날	
지은이	출판사	확인	

10줄 독서카드

_____학교 _____학년 _____반 이름 _____

도서명		읽은 날	
지은이	출판사	확인	

도서명		읽은 날	
지은이	출판사	확인	

도서명		읽은 날	
지은이	출판사	확인	

도서명		읽은 날	
지은이	출판사	확인	

10줄 독서카드

_____학교 ____학년 ____반 이름_____

미니 독서기록장

_____학교 _____학년 ____반 이름_____

도서명		읽은 날	
지은이	출판사	확인	

도서명		읽은 날	
지은이	출판사	확인	

도서명		읽은 날	
지은이	출판사	확인	

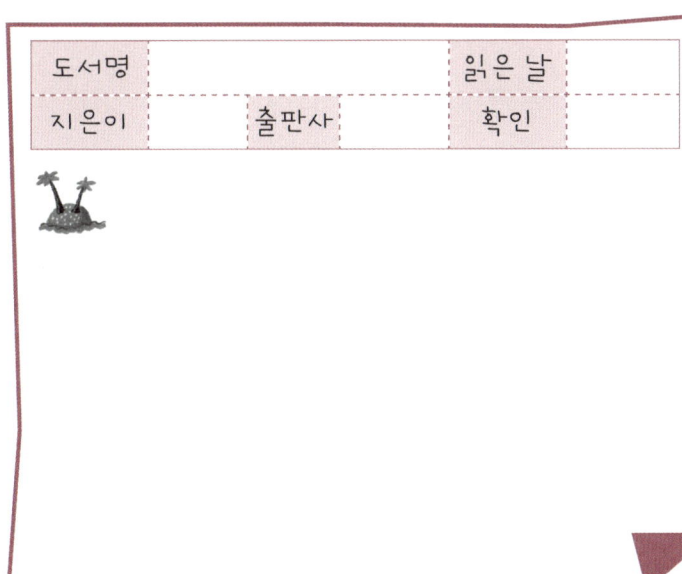

도서명		읽은 날	
지은이	출판사	확인	

도서명		읽은 날	
지은이	출판사	확인	

도서명		읽은 날	
지은이	출판사	확인	

미니 독서기록장

_____학교 ____학년 ____반 이름_____

독서카드

＿＿＿＿학교　＿＿＿학년　＿＿＿반　이름＿＿＿＿＿＿

독서카드

_____학교 ____학년 ____반 이름_____

독서감상문

도서명			지은이	
읽은 날		출판사	확인	

📖 책을 읽게 된 계기

📖 줄거리

📖 내가 만일 주인공이라면?

📖 재미있었던 장면

📖 느낀 점

독서록

도서명			지은이	
읽은 날		출판사		확인

줄거리

감명깊은 구절, 장면

감상평

독서록

도서명		지은이	
읽은 날		출판사		확인	

✏️ 읽은 책의 내용을 소개 해 보세요.

주인공 모습

기억에 남는 내용

등장인물 소개

교훈

_____학교 ____학년 ____반 이름_____

도서명			지은이	
읽은 날		출판사	확인	

▶ 읽은 책의 내용, 자기 자신의 느낌과 생각을 구름처럼 마음대로 펼쳐 보세요.

▶ 마음대로 떠올린 내용을 주제별로 갈래를 지어 보세요.

6하원칙에 따라 써 보기

도서명				지은이	
읽은 날		출판사		확인	

✏️ 6하원칙에 따라 써 보세요.

언제 일어난 일인가요?		When
어디서 일어난 일인가요?		Where
누가 한 일인가요?		Who
무엇을 하였나요?		What
어떻게 되었나요?		How
왜 그랬나요?		Why

➡ 6하원칙에 살을 붙여 가며 줄거리를 정리해 보세요.

_____
_____
_____
_____
_____
_____
_____
_____

이야기 속의 사건을 알아봐요

도서명				지은이	
읽은 날		출판사		확인	

✏️ 등장인물들을 둘러싸고 있던 사건 가운데 가장 기억에 남는 사건을 6하원칙에 맞춰 써 봅시다.

사건	언제	어디서	누가	무엇을	왜	어떻게
☝						
✌						
3️⃣						
4️⃣						

➡ 몇 번이 가장 기억에 남나요? 그 이유도 함께 써 보세요.

(　　　)번

마인드맵

도서명			지은이	
읽은 날		출판사	확인	

↳ 새롭게 알게 된 사실을 갈래별로 정리해 보세요.

도서명			지은이	
읽은 날		출판사	확인	

📌 읽은 책의 내용, 자기 자신의 느낌과 생각을 주제별로 갈래를 지어 만들어 보세요.

등장인물의 성격을 알아봐요

도서명			지은이	
읽은 날		출판사	확인	

✏️ 인물평전을 읽고 사건을 정리해 보세요.

( )은/는

( )은/는

( )은/는

( )은/는

( )은/는

( )은/는

- 부지런하다
- 게으르다
- 친절하다
- 변덕스럽다
- 솔직하다
- 명랑하다
- 용감하다
- 난폭하다
- 비겁하다
- 끈기가 있다
- 생각이 깊다
-
-
-
-
-

일어난 사건 찾기

도서명			지은이	
읽은 날		출판사	확인	

▶ 읽은 책에서 일어난 사건들을 머릿속에 떠올리며 순서대로 적어 봅시다.

1.

2.

3.

4.

5.

6.

독서기록장

도서명				지은이	
읽은 날		출판사		확인	

✎ 책을 읽고 배운점을 나의 삶에 적용해 봅시다.

등장인물

배경
시간적 배경 :
공간적 배경 :

줄거리

느낀 점

나의 삶에 적용하기

등장인물 비교하기

도서명			지은이	
읽은 날		출판사	확인	

✏️ 등장인물의 특징과 공통점을 적어보아요.

등장인물: _____   등장인물: _____

특성   특성

공통점

등장인물 비교하기

_____학교 _____학년 _____반 이름_____

도서명			지은이	
읽은 날		출판사	확인	

✎ 책을 읽고 나서 서로 반대되거나 비교되는 두 인물을 선택해서 쓰세요.

*등장인물 ①

*등장인물 ②

*두 인물의 관계는?

🔍 위 인물 ①은 어떤 사람인가?

🔍 위 인물 ②는 어떤 사람인가?

🔍 본받을 점 또는 본받지 말아야 할 점?

🔍 본받을 점 또는 본받지 말아야 할 점?

6하원칙에 따라 써 보기

_____학교 ____학년 ____반 이름_____

도서명				지은이	
읽은 날		출판사		확인	

✎ 6하원칙에 따라 써 보세요.

언제 일어난 일인가요?	When
어디서 일어난 일인가요?	Where
누가 한 일인가요?	Who
무엇을 하였나요?	What
어떻게 되었나요?	How
왜 그랬나요?	Why

➡ 6하원칙에 살을 붙여 가며 줄거리를 정리해 보세요.

기·승·전·결

도서명				지은이	
읽은 날		출판사		확인	

✎ 내용을 기·승·전·결의 4단계로 나누어 요약해 보세요.

기

승

전

결

서론, 본론, 결론

도서명		지은이	
읽은 날		출판사		확인	

✎ 내용을 서론, 본론, 결론의 3단계로 나누어 요약해 보세요.

서론

본론

결론

이야기 속의 사건을 알아봐요

_____학교 ____학년 ____반 이름_____

도서명			지은이	
읽은 날		출판사	확인	

📌 등장인물들을 둘러싸고 있던 사건 가운데 가장 기억에 남는 사건 4가지를 6하원칙에 맞춰 써 봅시다.

①
언제 _____ 어디서 _____
누가 _____ 무엇을 _____
왜 _____ 어떻게 _____

②
언제 _____ 어디서 _____
누가 _____ 무엇을 _____
왜 _____ 어떻게 _____

③
언제 _____ 어디서 _____
누가 _____ 무엇을 _____
왜 _____ 어떻게 _____

④
언제 _____ 어디서 _____
누가 _____ 무엇을 _____
왜 _____ 어떻게 _____

📌 몇 번이 가장 기억에 남나요? 그 이유도 함께 써 보세요.

(　　　　　)번

내용 간추리기

도서명				지은이	
읽은 날		출판사		확인	

➔ 읽은 책의 내용을 간추리며 느낌과 생각을 정리해 봅시다.

주인공은 누구입니까?	

언제, 어디서 일어난 일입니까?	

이 작품의 줄거리를 써 봅시다.	

나의 느낌이나 의견을 써 봅시다.	

그 느낌 그대로

_____학교 ____학년 ____반 이름_____

도서명		지은이	
읽은 날		출판사		확인	

▶ 책의 줄거리를 적어 보세요.

▶ 읽은 후 느낌을 써 보세요.

▶ 책의 교훈을 그림이나 표어, 서약서 형식으로 표현해 보세요.

내 삶에 적용하기

_____학교 ____학년 ____반 이름 _____

도서명			지은이	
읽은 날		출판사	확인	

✎ 줄거리와 감명깊었던 장면을 쓰고 자기삶에 적용해 배울점을 써봅시다.

줄거리

가장 재미있었던 부분이나 인상 깊었던 장면

배울 점

스토리 맵

도서명				지은이	
읽은 날		출판사		확인	

▶ 책의 내용을 구분해 봅시다.

등장인물

배경

문제

주요사건

결론

마인드맵 독서록

도서명			지은이	
읽은 날		출판사	확인	

✎ 글의 내용을 그림으로 정리해 봅시다.

✎ 줄거리와 느낀 점을 써 봅시다.

독서기록장

도서명				지은이	
읽은 날		출판사		확인	

✎ 책을 읽고 배운점을 나의 삶에 적용해 봅시다.

등장인물

배경
- 시간적 배경 :
- 공간적 배경 :

줄거리

느낀 점

나의 삶에 적용하기

등장인물 분석하기

도서명		지은이	
읽은 날		출판사		확인	

✏️ 책 속에 등장하는 등장인물의 성격을 알아봅시다.

등장인물 인터뷰하기

도서명				지은이	
읽은 날		출판사		확인	

✎ 인물들에게 어떤 질문을 할 것인지 생각하고, 책 속의 인물이 되어 질문에 대한 답을 적어보세요.

질문　　　　　　　　　　　　　　　　　**답**

질문　　　　　　　　　　　　　　　　　**답**

질문　　　　　　　　　　　　　　　　　**답**

질문　　　　　　　　　　　　　　　　　**답**

질문　　　　　　　　　　　　　　　　　**답**

서론, 본론, 결론

_____학교 ____학년 ____반 이름_____

도서명				지은이	
읽은 날		출판사		확인	

✎ 내용을 서론, 본론, 결론의 3단계로 나누어 요약해 보세요.

서론

본론

결론

기승전결

_____학교 ____학년 ____반 이름_____

도서명			지은이	
읽은 날		출판사	확인	

✏️ 내용을 기·승·전·결의 4단계로 나누어 요약해 보세요.

기

승

전

결

내가 만일 주인공이었다면…

_____학교 ____학년 ____반 이름_____

도서명			지은이	
읽은 날		출판사	확인	

✏️ 내가 만일 책 속의 주인공이었다면 어떻게 행동했을지 상상해서 표현해 보세요.

위인전 독후감

도서명				지은이	
읽은 날		출판사		확인	

📖 위인은 어떤 시대에 살았나요?

📖 위인이 한 일 중 가장 중요한 것은 무엇인가요?

📖 위인은 어떤 사람이었나요? 성격, 외모, 개성 등을 포함시켜 상세하게 써 보세요.

📖 이 책을 읽으면서 가장 인상깊었던 장면은 어떤 부분이었나요?

📖 책을 읽고 결심한 것이나, 위인에게 남기고 싶은 말이 있다면 적어 보세요.

새롭게 알았어요

도서명				지은이	
읽은 날		출판사		확인	

✏️ 책을 읽은 후 새롭게 알게 된 점이나 이해가 되지 않았던 부분을 적어보세요.

- 새롭게 알게 된 점을 적어보세요.

- 책을 읽고 생긴 궁금증이나, 설명이 부족해서 이해되지 않았던 부분이 있다면 적어 보세요.

역사 이야기

도서명				지은이	
읽은 날		출판사		확인	

✏️ 역사책이나 위인전 등을 읽고 한 나라의 역사에 대해 생각해 봅시다.

책에 나온 인물이나 사건 중 가장 기억에 남는 것과 이유는?	

내가 읽은 역사책을 통해 알게 된 사실 5가지	

현재와 비교할 때 느낀 점	

새롭게 알았어요

도서명			지은이	
읽은 날		출판사	확인	

✎ 책을 읽은 후 새롭게 알게된 점을 적어보세요.

1.

2.

3.

4.

5.

➡ 책을 읽고 생긴 궁금증이나, 설명이 부족해서 이해되지 않았던 부분이 있다면 적어 보세요.

①

②

③

④

도서명			지은이	
읽은 날		출판사	확인	

✎ 책을 읽고 퀴즈를 내고 답을 적어보세요.

문제1

답

문제2

답

문제3

답

문제4

답

도서명			지은이	
읽은 날		출판사	확인	

✏️ 책을 읽고 퀴즈를 내고 답을 적어보세요.

문제1

답

문제2

답

문제3

답

문제4

답

문제5

답

문제6

답

작은 독서 발표회

도서명			지은이	
읽은 날		출판사	확인	

🔽 글의 줄거리와 나의 생각을 2분 이내에 말할 수 있도록 써 보세요.

🔽 발표자가 잘한 부분을 칭찬해 보세요.

배운 낱말 적어 보기

_____학교 ____학년 ____반 이름_____

도서명			지은이	
읽은 날		출판사	확인	

✎ 책을 뒤적이며 새롭게 배운 낱말 8개를 적고, 사전을 찾아 뜻을 적어보아요.

1 →

2 →

3 →

4 →

5 →

6 →

7 →

8 →

고·한·래·국

_____학교 ____학년 ____반 이름_____

도서명			지은이	
읽은 날		출판사	확인	

✎ 책을 읽고서 고·한·래·국(고유어, 한자어, 외래어, 외국어)을 찾아 봅시다.

고유어

한자어

외래어

외국어

일어난 사건 찾기

도서명		지은이	
읽은 날		출판사		확인	

➡ 읽은 책에 등장하는 사건들을 머릿속에 떠올리며 순서대로 적어 봅시다.

①

②

③

④

⑤

⑥

주인공 탐구생활

도서명				지은이	
읽은 날		출판사		확인	

✏️ 책을 읽고 난 후 주인공과 주변인물을 분석해 봅시다.

- 주인공은 누구입니까?

- 주인공에게서 배울 점과 느낀 점은?

- 주변인물 중에서 가장 마음에 드는 사람은 누구입니까?

- 그 이유는?

- 나라면 어떻게 행동했을지 등장인물 중 한 명을 선택하여 적용해 봅시다.

주인공에게 편지쓰기

_____학교 ____학년 ____반 이름_____

도서명		지은이	
읽은 날		출판사		확인	

✏️ 읽은 책의 주인공에게 하고 싶은 말을 편지로 써 보세요.

요약해 보기

_____학교 _____학년 _____반 이름_____

도서명		지은이	
읽은 날		출판사	확인	

✎ 줄거리

✎ 가장 재미있었던 부분

✎ 전체적인 느낌

📖 새로 알게 된 낱말 뜻 찾기

① _____

② _____

③ _____

배경말하기

_____학교 ____학년 ____반 이름_____

도서명			지은이	
읽은 날		출판사	확인	

 역사소설이나 위인전을 읽고 간단한 줄거리를 써 보세요.

이 이야기는
_____
_____
_____ 일이랍니다.

 이 이야기는 어느 시대 이야기입니까? 그리고 이 시대의 특징은 무엇인가요?

이야기는 _____ 시대 때 이야기이고요,
이 시대에는요
_____
_____
_____ 특징이 있었어요.

 어디에서 일어난 이야기입니까? 그리고 그 곳은 어떤 곳인지 아는 대로 말해 봅시다.

이야기는 _____ 에서 일어났구요,
그 곳은요
_____
_____
_____
_____ 특징이 있어요.

만화 독서록

도서명			지은이	
읽은 날		출판사	확인	

이야기의 줄거리를 만화로 그려 보아요.

1	2
3	4
5	6

도서명			지은이	
읽은 날		출판사	확인	

📝 책 속에서 일어난 일들을 차례대로 쓰고, 줄거리를 처음, 가운데, 끝 부분으로 나누어 써 보세요.

 누가, 언제, 어디서 일어난 일인가요?

 어떤 일이 일어났나요?

 마지막에는 어떻게 되었나요?

위인전 독후감

도서명				지은이	
읽은 날		출판사		확인	

✏️ 위인에 대해 정리해 보아요.

🌀 태어난 해

🌀 태어난 곳

🌀 위인이 한 일 중 가장 중요한 것은?

🌀 위인은 어떤 사람이었나요? 성격, 개성, 외모 등을 포함하여 상세히 써 보세요.

🌀 위인의 어떤 점이 가장 흥미로웠습니까?

🌀 위인이 존경받을 만큼 훌륭한 일을 했다고 생각합니까? 그렇다면 그 이유는 무엇입니까?

🌀 이 책을 친구에게 권하고 싶은가요? 이유는?

내가 작가라면…

도서명			지은이	
읽은 날		출판사	확인	

✎ 글 속에서 표현한 묘사나 사건 전개 등이 마음에 들지 않다면, 작가가 되어 마음껏 고쳐 써 보세요.

↪ 마음에 들지 않거나 미흡한 부분

① _____

② _____

③ _____

↪ 작가가 되어 마음껏 고쳐 써 보세요.

내가 주인공이라면

도서명			지은이	
읽은 날		출판사	확인	

▶ 인상에 남거나, 마음에 들지 않은 주인공의 행동이 있었다면 나열해 보세요.

1.

2.

3.

▶ 만약 나라면 주인공과 달리 어떻게 행동했을지 적어 보세요.

1.

2.

3.

도서명				지은이	
읽은 날		출판사		확인	

▼ 과학 도서, 정보서 등을 읽고 새롭게 알게 된 점을 써 보세요.

①

②

③

④

⑤

나라면 이렇게 했을텐데...

_____학교 ____학년 ____반 이름_____

도서명			지은이	
읽은 날		출판사	확인	

✏️ 기억에 남는 장면 두 개를 선택해서 내가 주인공이라면 어떻게 했을지 적어 보세요.

↘ 기억에 남는 장면 ① :

↘ 나라면 이렇게 했을 거예요 :

↘ 기억에 남는 장면 ② :

↘ 나라면 이렇게 했을 거예요 :

만화 독서록

도서명			지은이	
읽은 날		출판사	확인	

🍦 이야기의 줄거리를 만화로 그려 보아요.

어휘력 쑥쑥

_____학교 ____학년 ____반 이름_____

도서명				지은이	
읽은 날		출판사		확인	

↳ 국어 실력의 기초는 어휘력! 책을 읽다가 뜻을 모르는 단어를 사전에서 찾아내고, 짧은 글짓기로 활용해 봅시다.

단어 :   **뜻 :**

활용 :

단어 :   **뜻 :**

활용 :

단어 :   **뜻 :**

활용 :

단어 :   **뜻 :**

활용 :

단어 :   **뜻 :**

활용 :

단어 :   **뜻 :**

활용 :

단어 :   **뜻 :**

활용 :

내가 작가라면

도서명			지은이	
읽은 날		출판사	확인	

✏️ 내가 작가가 되어 이야기의 뒷부분을 덧붙이거나 다시 써 보세요.

✏️ 내가 이렇게 쓴 까닭은?

저자와의 인터뷰

도서명			지은이	
읽은 날		출판사	확인	

✏️ 기자가 되어 저자와 인터뷰를 해 봅시다. 저자에게 묻고 싶은 질문을 쓰고 답도 상상해 봅시다.

질문1

답

질문2

답

질문3

답

질문4

답

질문5

답

그림과 느낌으로 표현하기

_____학교 ____학년 ____반 이름_____

도서명				지은이	
읽은 날		출판사		확인	

✎ 인상깊은 부분 그리기

✎ 책을 읽고 난 후 느낌이나 생각은?

독서록

도서명		지은이	
읽은 날		출판사		확인	

✎ 읽은 책에서 가장 감명 깊었던 장면을 그림으로 그려보세요.

✎ 기억나는 명대사가 있다면 적어봅시다.

✎ 위의 장면을 설명하고, 자기 자신의 생각과 느낌을 써 봅시다.

뒷 이야기 상상하기

_____학교 ____학년 ____반 이름_____

도서명			지은이	
읽은 날		출판사	확인	

✏️ 책을 읽고, 이야기가 계속 이어진다면 어떤 내용이 될지 상상해 봅니다.

✏️ 이야기의 흐름에 맞게 뒤에 이어지는 이야기를 상상해서 써 봅니다.

✏️ 원래의 이야기와 자신이 이어 쓴 이야기를 비교해 봅니다.

뒷이야기 꾸미기

도서명				지은이	
읽은 날		출판사		확인	

✎ 책을 읽고 나서 내가 작가가 되어 뒷이야기를 상상하여 쓰세요.

책 제목을 바꾸고 싶다면…

추가로 등장할 인물

줄거리를 요약하세요.

뒷이야기를 꾸며 쓰세요.

그렇게 쓴 까닭은?

새롭게 알았어요

_____학교 ____학년 ____반 이름_____

도서명				지은이	
읽은 날		출판사		확인	

✎ 글 속에서 표현한 묘사나 사건 전개 등이 마음에 들지 않다면, 작가가 되어 마음껏 고쳐 써 보세요.

①

②

③

④

⑤

✎ 책을 읽고 생긴 의문점이나, 설명이 미흡했던 부분이 있다면 적어 보세요.

①

②

③

④

토론거리 찾기

도서명				지은이	
읽은 날		출판사		확인	

↳ 읽은 책 내용에서 주제를 고른 후 찬성과 반대의 입장이 되어 논리를 전개해 보세요.

주제:

찬성

반대

장면 옮겨 쓰기

도서명			지은이	
읽은 날		출판사	확인	

✎ 책을 읽고 인상깊었던 장면을 떠올리며 써 보세요.

1.

2.

3.

4.

✎ 전체적인 느낌

 평가하기

찬성과 반대

_____학교 _____학년 _____반 이름_____

도서명			지은이	
읽은 날		출판사	확인	

나의 생각
- 주장:
- 이유 또는 근거:

생각 나누기
- 찬성:

- 반대:

토론 후 발전된 생각
- 주장:
- 이유 또는 근거:

동시화 독서록

도서명				지은이	
읽은 날		출판사		확인	

✎ 책을 읽고 느낀 점을 동시로 짓고 화가가 되어 어울리는 삽화를 그려 봅시다.

독서감상문

도서명		지은이	
읽은 날		출판사		확인	

1. 책을 읽게 된 계기

2. 줄거리

3. 내가 만일 주인공이라면?

4. 재미있었던 장면

5. 느낀점

제목:

_____학교 _____학년 _____반 이름 _____

도서명			지은이	
읽은 날		출판사	확인	

 책을 읽고 나서 이야기의 줄거리와 느낌, 나의 생각 등을 써 보세요.

내용 간추리기

_____학교 _____학년 _____반 이름_____

도서명		지은이	
읽은 날		출판사		확인	

📌 책을 읽은 후 가장 먼저 떠오르는 장면이나 감명 깊었던 문장을 적어 봅시다.

책의 제목은?	
주인공은 누구입니까?	
언제, 어디에서 일어난 일입니까?	
이 작품의 줄거리를 써 봅시다.	
읽고난 후의 느낌이나 생각한 점을 써 봅시다.	

줄거리와 느낀 점

도서명				지은이	
읽은 날		출판사		확인	

등장인물들의 성격

시간적 배경

공간적 배경

밑줄 그었던 대목

줄거리

생각 또는 느낀 점

그림 독서록

_____학교 ____학년 ____반 이름_____

도서명			지은이	
읽은 날		출판사	확인	

✎ 읽은 책에서 가장 감명 깊었던 장면을 그림으로 그려봅시다.

✎ 감명깊었던 이유와 느낀 점을 써봅시다.

장면 옮겨 쓰기

도서명			지은이	
읽은 날		출판사	확인	

✏️ 책을 읽고 인상깊었던 장면을 떠올리며 써 보세요.

1

2

3

4

✏️ 전체적인 느낌

✏️ 평가하기

내용 간추리기

_____학교 ____학년 ____반 이름_____

도서명			지은이	
읽은 날		출판사	확인	

> 책을 읽은 후 가장 먼저 떠오르는 장면이나 감명 깊었던 문장을 적어 봅시다.

책의 제목은?	
주인공은 누구입니까?	
언제, 어디에서 일어난 일입니까?	
이 작품의 줄거리를 써 봅시다.	
읽고난 후의 느낌이나 생각한 점을 써 봅시다.	

좋은 문장 써보기

도서명				지은이	
읽은 날		출판사		확인	

📝 책을 읽으며 마음에 와닿는 문장이나 멋진 표현, 묘사 등에 밑줄을 긋고 이를 옮겨 써 보세요.
옮겨 쓴 구절 뒤에는 쪽수를 적습니다.

줄거리와 느낀 점

도서명				지은이	
읽은 날		출판사		확인	

등장인물들의 성격

시간적 배경

공간적 배경

밑줄 그었던 대목

줄거리

생각 또는 느낀 점

극본으로 바꿔보기

도서명			지은이	
읽은 날		출판사	확인	

✏️ 이야기 속에서 인상 깊었던 곳을 찾아 극본으로 꾸며 보세요.

✏️ 전체적인 느낌

✏️ 도서 평가하기   5개: 도움을 주며 감동적인 책 | 4개: 재미있는 책 | 3개: 보통(그저 그렇다)

제목으로 삼행시 짓기

도서명			지은이	
읽은 날		출판사	확인	

✎ 읽은 책의 제목을 가지고 책의 줄거리와 연결시켜 삼행시를 지어 보세요.

얼마나 이해했나요?

도서명				지은이	
읽은 날		출판사		확인	

✏️ 선생님이나 부모님이 함께 책을 읽은 후 질문을 던져 주세요.

질문 ①

➜ 답 _____

질문 ②

➜ 답 _____

질문 ③

➜ 답 _____

질문 ④

➜ 답 _____

질문 ⑤

➜ 답 _____

독서감상문

_____학교 ____학년 ____반 이름_____

도서명				지은이	
읽은 날		출판사		확인	

책을 읽게 된 계기

줄거리

재미있었던 장면

내가 만일 주인공이라면?

느낀 점

동시로 표현하기

_____학교 ____학년 ____반 이름_____

도서명			지은이	
읽은 날		출판사	확인	

✎ 시집을 읽고 인상깊었던 시를 적어 보세요.

✎ 나도 시인처럼 시를 지어봅시다.

신간 안내문 쓰기

_____학교 ____학년 ____반 이름_____

✏️ 신문을 보면 책을 소개하는 기사가 있습니다. 기자가 되어 독자들에게 읽은 책들을 소개해 봅시다.
출판사, 쪽수, 가격 등 책에 대한 정보와 간단한 내용, 권할 만한 장점과 특징 등을 적습니다.

📖 〈새로 나온 책〉

책 사진

📖 〈새로 나온 책〉

책 사진

책 표지 만들기

_____학교 ____학년 ____반 이름_____

도서명		지은이	
읽은 날		출판사		확인	

 북 디자이너가 되어 책 표지를 새롭게 만들어 보아요.

독서감상문

도서명		지은이	
읽은 날		출판사		확인	

✎ 책을 읽으며 주요 등장인물, 교훈이 될 만한 가르침, 사건의 단서 등을 기록해 봅시다.

책의 내용을 간단히 서술하시오.

결말은 어땠나요?

이 책을 친구에게 권하고 싶나요? 그 이유는 무엇입니까?

책에 대한 나의 느낌과 평가는?

편지 독서록

_____학교 ____학년 ____반 이름_____

도서명				지은이	
읽은 날		출판사		확인	

🌱 주인공이나 책을 지은이에게 편지를 써 보세요.

🌱 답장이 온다면 어떤 답장이 올까? 상상해서 답장을 써 보아요.

책 신문 만들기

_____학교 ____학년 ____반 이름_____

도서명			지은이	
읽은 날		출판사	확인	

🚩 자, 지금부터는 책에서 얻은 감동, 교훈을 친구들에게 잘 전해줄 수 있는 나만의 독서신문을 만들어 보는 거예요.

○○신문

책 광고 만들기

분야	출판사	지은이	도서명

✏️ 출판사가 되어 광고를 만들어 봅시다.
신문이나 인터넷의 책 광고를 참고하며 자신만의 독특한 광고를 만들어 보아요.

인물 인터뷰

_____학교 ____학년 ____반 이름_____

도서명			지은이	
읽은 날		출판사	확인	

📢 기자가 되어 책 속에 등장하는 인물을 대상으로 인터뷰할 질문과 예상 답변을 적어 보세요.

대상:

질문:

➡️ 예상답변:

대상:

질문:

➡️ 예상답변:

대상:

질문:

➡️ 예상답변:

독서리포트

도서명				지은이	
읽은 날		출판사		확인	

✎ 책을 읽고 자유롭게 감상을 써봅시다.

_____년 _____월 _____일 _____요일 날씨:_____

제목:

독서감상문

도서명				지은이	
읽은 날		출판사		확인	

▶ 책을 읽고 나서 이야기의 줄거리와 느낌, 배울 점을 쓰세요.

▶ 기억하고 싶은 문장을 그대로 쓰세요.

제목:

_____학교 ____학년 ____반 이름_____

도서명			지은이	
읽은 날		출판사	확인	

✎ 책을 읽고 나서 이야기의 줄거리와 느낌, 나의 생각 등을 써 보세요.

그림 독후감

_____학교　____학년　____반　이름_____

도서명				지은이	
읽은 날		출판사		확인	

 책을 읽고 떠오르는 이미지나 주요 장면을 그림으로 표현해 보아요.

읽은 책 소개하기

_____학교 _____학년 _____반 이름_____

도서명			지은이	
읽은 날		출판사	확인	

📖 친구나 가족, 이름 모를 사람에게 내가 읽은 책에 대해 소개해 봅시다.

_____학교 ____학년 ____반 이름_____

도서명			지은이	
읽은 날		출판사	확인	

주인공과 인터뷰를 해 봅시다. 주인공에게 묻고 싶은 질문을 써 보세요. 또한 주인공이 되어 답도 써 보세요.

질문 ①

↳ 답

질문 ②

↳ 답

질문 ③

↳ 답

질문 ④

↳ 답

질문 ⑤

↳ 답

작가와의 인터뷰

_____학교 ____학년 ____반 이름_____

도서명			지은이	
읽은 날		출판사	확인	

✎ 작가와 만났다고 상상하고, 묻고 싶은 질문을 써 보세요. 또한 자신이 작가가 되어 답도 써 보아요.

그 느낌 그대로

_____학교 ___학년 ___반 이름_____

도서명				지은이	
읽은 날		출판사		확인	

✏️ 책의 줄거리를 적어 보세요.

_____
_____
_____
_____
_____

✏️ 읽은 후 느낌을 써 보세요.

_____
_____
_____
_____
_____

✏️ 책의 교훈을 그림이나 표어, 명언 등으로 간단히 표현해 보세요.

편지글로 추천하기

_____학교 ____학년 ____반 이름_____

도서명			지은이	
읽은 날		출판사	확인	

✎ 친구에게 권하고 싶은 책의 줄거리와 감동 받은 점을 편지로 쓰세요.

(이)에게

안녕! 요즘 난 (이)라는 책을 읽었어.

정말 재미있었지. 그래서 너도 한 번 읽어봤으면 좋겠어. 이 책의 줄거리는

내가 제일 감동 받은 점은

너도 꼭 읽고 답장 써 줘. 그럼 건강하고... 안녕!

(이)가

년   월   일

작가 선생님께…

도서명				지은이	
읽은 날		출판사		확인	

✏️ 책을 읽고, 글을 쓴 작가 선생님께 나의 마음을 전하는 글을 써 보세요.

_____
_____
_____
_____
_____
_____
_____
_____
_____
_____
_____

📌 가장 기억에 남는 장면을 그려 보세요.

더 깊이 생각해 봐요

_____학교 ____학년 ____반 이름_____

도서명			지은이	
읽은 날		출판사	확인	

글 속에서 가장 인상 깊었던 사건은 무엇인가요?

그렇게 생각한 까닭을 써 보세요.

줄거리 정리식 독서록

도서명				지은이	
읽은 날		출판사		확인	

📖 역사소설이나 위인전을 읽고 간단한 줄거리를 정리하며 써 보세요.

이 책은 _____

_____ 에 대해 쓴 이야기이다.

각 장에는 _____

_____ 등의 내용들이 담겨 있다.

그중 가장 인상깊었던 부분은 _____

_____ 이다.

이 책을 통해 _____

_____ 것을 알게 되었다.

줄거리 이어 쓰기

도서명			지은이	
읽은 날		출판사	확인	

➡️ 글의 줄거리는 독후감의 바탕이 됩니다. 책 속에서 일어난 일들을 차례대로 쓰고, 줄거리를 처음, 가운데, 끝 부분으로 나누어 써 보세요.

처음 누가, 언제, 어디서 일어난 일인가요?

....
....
....

가운데 어떤 일이 일어났나요?

....
....
....
....

끝 마지막에는 어떻게 되었나요?

....
....
....
....
....

400자 원고지 독후감

_____학교 ____학년 ____반 이름_____

도서명			지은이	
읽은 날		출판사	확인	

100

200

300

400

독후감

| 제목 | |

개요짠 후 요약하기

도서명				지은이	
읽은 날		출판사		확인	

1. 개요 짜기

2. 줄거리 및 내용 요약

3. 밑줄 긋고 싶었던 글귀

4. 어려웠던 낱말 3개 찾기(사전을 찾아 뜻풀이를 적을 것)

600자 원고지 독후감

도서명		지은이	
읽은 날		출판사		확인	

원고지 독후감

도서명			지은이	
읽은 날		출판사		확인	

NO._____